Sprachfreunde 3

5-Minuten-Training
Richtig schreiben

Erarbeitet von
Katrin Junghänel

VOLK UND WISSEN

Sprachfreunde 3

5-Minuten-Training
Richtig schreiben

Erarbeitet von
Katrin Junghänel

Redaktion: Susanne Knipper, Kirsten Pauli
Illustrationen: Barbara Schumann, Uta Bettzieche (Hund, Detektiv)
Umschlaggestaltung: tritopp, Berlin
Umschlagillustration: Barbara Schumann, Uta Bettzieche
Layout und technische Umsetzung: tritopp, Berlin

www.cornelsen.de

1. Auflage, 4. Druck 2023

Druck: AZ Druck und Datentechnik GmbH, Kempten

ISBN 978-3-06-083664-2

PEFC
PEFC/04-31-2260

PEFC-zertifiziert
Dieses Produkt stammt aus nachhaltig bewirtschafteten Wäldern und kontrollierten Quellen
www.pefc.de

Das kann ich schon

1 Wörter nach dem Alphabet sortieren

Blume, malen, Sommer, Blatt, lesen, reiten

1. ______ 2. ______

3. ______ 4. ______

5. ______ 6. ______

2 Wörter nach Wortarten sortieren

Pferd, laufen, schön

Nomen/ Substantiv	Verb	Adjektiv

3 Selbst etwas über mich schreiben

Das tue ich gern in meiner Freizeit:

Sei nicht dumm und merk dir bloß,
Nomen/Substantive schreibt man groß!

1 Schreibe die Wörter in das richtige Regalfach!

TAFEL, LEHRER, WUNSCH, FREUNDIN, ÄRGER, BUCH, SCHÜLER, ANGST, BANK

Personen	**Gegenstände**	**andere Substantive**

2 Verbinde die Nomen/Substantive mit dem richtigen Artikel!

Weg	der
Buch	die
Tisch	das
Gruß	
Bitte	
Wunsch	

1 Setze richtig zusammen!
Schreibe die Nomen/Substantive auf
und unterstreiche immer das Grundwort!

Wasser +  = *der Wasserhahn*

Sport +  = *die*

 + Haus = *das*

 + Stiel = *der*

Du kannst auch 3 Nomen/Substantive zusammensetzen!

Bade →  → Möbel

Kinder

Klassen

Tür

Schrank

Möbel

Badezimmermöbel,

1 Schreibe zu jedem Bild das richtige Wort mit Artikel auf!

 der

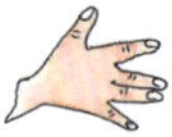

2 Ordne die Wörter mit **H** aus Aufgabe 1 nach dem Alphabet!

3 Trenne die Wörterschlange! Schreibe den Satz richtig auf!

WIRLEGENHEFTEUNDBÜCHERBEREIT.

Hörst du das Ende nicht genau,
verlängere, dann bist du schlau!

1 Hänge den richtigen Buchstaben an und verlängere mit der Mehrzahl!
Schreibe so:

der Ber ___ (g/k) denn *die Berge*

die Ban ___ (g/k) denn ___

der Die ___ (b/p) denn ___

der Sala ___ (d/t) denn ___

2 Verlängere mit einer Wortgruppe!
Schreibe so:

wil ___ (d/t) denn *ein wildes Tier*

run ___ (d/t) denn ___

kran ___ (g/k) denn ___

bun ___ (d/t) denn ___

1 In diesem Haus wohnen zehn Herbstwörter. Male sie farbig an!

S	G	B	L	Ä	T	T	E	R
T	S	R	I	K	Ö	Z	R	E
U	E	I	C	H	E	L	N	I
R	W	E	H	E	N	M	T	F
M	Q	G	T	N	E	B	E	L
H	S	U	C	H	E	N	N	B
B	D	Ä	P	F	E	L	Ö	T

2 Schreibe sie auf! Achte auf Groß- und Kleinschreibung!

3 Schreibe das Verb **suchen** in allen Formen auf!

1. Person
EZ ______ MZ ______

2. Person
EZ ______ MZ ______

3. Person
EZ ______ MZ ______

1 Ordne immer das passende Adjektiv zu!
Male die Paare mit gleicher Farbe an!

bunt	Eichel
stark	Ernte
dicht	Sturm
braun	Nebel
reich	Drachen
lustig	Blätter

2 Schreibe nun so:

bunte Blätter,

3 Finde diese Tiere im Wörterbuch!
Schreibe Seite und Spalte so auf!

 *S.117 Sp. 1*

Lies genau!
Trage immer das richtige Satzschlusszeichen ein!
Du erhältst ein Lösungswort.

Liegen die Äpfel im Korb ☐	A
Leg die Äpfel in den Korb ☐	W
Die Äpfel liegen im Korb ☐	S
Nimmst du einen Schirm mit ☐	I
Du nimmst einen Schirm mit ☐	F
Nimm einen Schirm mit ☐	D
Fege die bunten Blätter zusammen ☐	V
Fegst du die bunten Blätter zusammen ☐	G
Paul fegt die bunten Blätter zusammen ☐	N
Sammelt Eicheln auf ☐	D
Wir sammeln Eicheln auf ☐	O
Sammeln wir Eicheln auf ☐	P

	!	?	.	!
Lösungswort:	☐	☐	☐	☐

1 Sortiere die Nomen/Substantive richtig in die Tabelle ein!

____amm, ____iegel, ____urm, ____itze,

____aziergang, ____raße, ____adt, ____aß

Wörter mit St	**Wörter mit Sp**

2 Setze das Verb in der richtigen Personalform ein!

Die Familie ________ die Tiere im Wald.
beobachten

Leon ________ ganz leise.
sprechen

Die Herbstblätter ________ in der Sonne.
leuchten

Es ________ nach Pilzen.
riechen

1 Trage die passende Personalform aus dem Stern ein!

Gestern __________ ich mit Leon Fußball.

Voriges Jahr __________ er neu in unsere Klasse.

Früher __________ er in einer anderen Stadt.

Damals __________ er noch niemanden.

Jetzt __________ er mein Freund.

Nun __________ wir sogar jeden Tag zusammen zur Schule.

Heute __________ er neben mir.

lebt/ lebte

kam/ kommt

spielt/ spielte

kennt/ kannte

ist/ war

saß/ sitzt

gingen/ gehen

2 An welchen Wörtern im Text hast du die richtige Zeitform erkannt? Unterstreiche sie farbig!

1 Alles mit **sch/ch**
Trage die Bildwörter richtig ein!
Du erhältst ein Lösungswort.

1.  2. 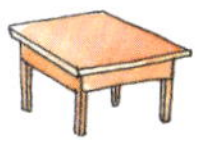 3.  4.  5.  6. 

1.				☐	☐	☐	☐	☐	☐
2.				☐	☐	☐	☐	☐	
3.			☐	☐	☐	☐	☐	☐	
4.	☐	☐	☐	☐	☐	☐			
5.	☐	☐	C	H	☐				
6.				☐	☐	☐	☐	☐	
					G				

2 Setze die richtigen Personalpronomen ein!

ich du er wir

sehe	rechnet	siehst	laufen
gehe	schreibt	fühlst	rennen
stehe	spricht	hörst	schleichen

1 Lies genau! Kennzeichne die Teile der Geschichte dann mit E = Einleitung, H = Hauptteil, S = Schluss!

☐ Plötzlich klirrte es laut. „Ein Einbrecher!“, flüsterte Anna erschrocken und verkroch sich ängstlich unter der Bettdecke. …

☐ Es geschah in einer stürmischen Herbstnacht. Anna und ihre Eltern schliefen schon fest.

☐ „Zum Glück war es nur Kätzchen Minka“, lachte Mutti. Beruhigt schlief Anna wieder ein.

2 Finde für diese Geschichte zwei spannende Überschriften! Schreibe sie auf!

1 Ordne die Verben an die passende Stelle und schreibe die Sätze richtig auf!

Tim pfeift die reifen Äpfel.
Ein Spatz impft in der Pfütze.
Der Arzt pflückt die Kinder.
Ein kleiner Vogel hüpft sein Lied.

Finde im Wörterbuch!

das erste Wort mit E:

ein Tier mit L:

das letzte Verb mit r:

ein Fest mit W:

Bist du fit?

1 Ordne die Wörter nach dem Abc!
Schreibe die Reihenfolge
als Zahl ins Kästchen! | 2

		1				
fliegen,	Hose,	Adler,	fangen,	rennen,	Herz,	Rad

2 Entscheide dich für den richtigen
Endbuchstaben!
Schreibe immer die Mehrzahl daneben! | 3

der Kor ☐ (b/p) – *die* ______________

der Hu ☐ (d/t) – *die* ______________

der We ☐ (g/k) – *die* ______________

3 Ergänze die Personalformen
von **fragen** richtig! | 6

ich ______________, *er* ______________

ihr ______________, *du* ______________

es ______________, *wir* ______________

4 Verbinde passende Wörter!
Schreibe die zusammengesetzten Nomen/
Substantive mit Artikel auf! | 4

Drachen   Saft

Apfel   Schirm

Regen   Schnur

5 Unterstreiche das **Grundwort** rot
und das Bestimmungswort grün! | 1

6 Setze die Sätze ins Präteritum!
Schreibe sie auf! | 4

Lara geht einkaufen. Sie holt viel frisches Obst.

Du hast ☐ von 20 Punkten erreicht.

1 Verpurzelte Märchenwörter

Baue die Wörter richtig zusammen und schreibe sie auf!

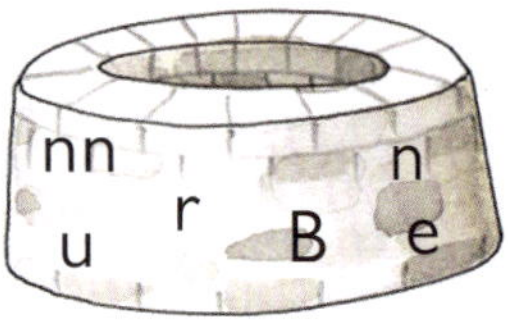

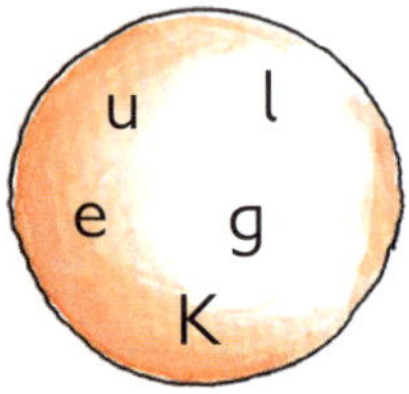

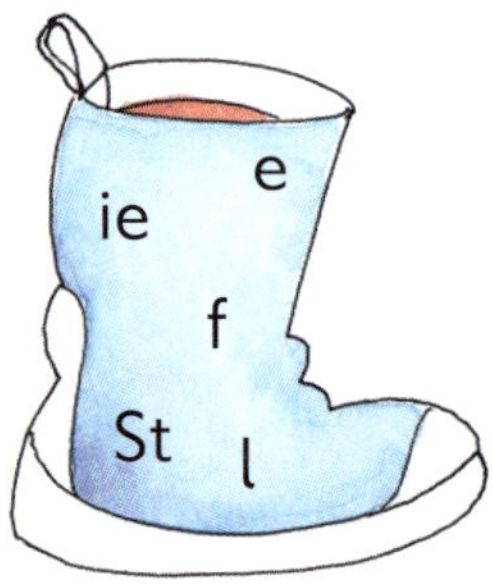

2 Trenne die Wörter! Schreibe sie mit Artikel so auf:

die Ku-gel,

1 In jeder Zeile passt eine Märchenfigur nicht dazu. Rahme sie farbig ein!

Großmutter – Mädchen – Prinz – Wolf

Hänsel – Hexe – Zwerge – Gretel

Frosch – Jäger – Prinzessin – König

Esel – Hund – Räuber – Hexe

2 Schreibe die eingerahmten Wörter hier auf!

____

3 Was taten diese Märchenfiguren? Setze das passende Verb im Präteritum ein!

verbrennen, holen, schütteln, fragen, schlafen

Der Frosch ______________ die Kugel.

Die Hexe ______________ im Ofen.

Die Stiefmutter ______________ den Spiegel.

Dornröschen ______________ hundert Jahre.

Goldmarie ______________ die Betten.

1 Lies genau! Setze dann immer das richtige Wort ein! Die Spiegelwörter helfen dir.

Falsche Märchensprüche

„Rapunzel, lass dein Springseil herunter!“,
rief die böse Zauberin munter.
Das ist natürlich gar nicht wahr,

Rapunzel ließ herab sein ______________.

„Großmutter, warum hast du so große Füße?“,
fragte das Rotkäppchen, das süße.
Auch dieser Punkt, der geht verloren,

Rotkäppchen sah nur sehr große ______________.

„Iglein, Iglein, an der Wand,
wer ist die Schönste im ganzen Land?“
Schon wieder falsch, es war nicht der Igel.

Die Königin fragte oft ihren ______________.

„Wer hat in meinem Auto gesessen
und meine leckere Pizza gegessen?“
Doch fragte der Zwerg, du hast’s nicht vergessen:

„Wer hat auf meinem ______________ gesessen?“

NERHO   RAAH   NEHCLHÜTS   LEGEIPS

Ordne die Wörter richtig in die Schatztruhen ein!
Prüfe die Anzahl der Silben!

bringen, Punkt, klingen, schenken, eng,
krank, dunkel, Klang

1 In jedem Satz ist ein Satzglied zu viel.
Male es farbig aus!

Winterabend

Mutti	kocht	rodeln	heißen Tee.	
Vati	bastelt	mit Paul	du.	
Morgen	Julia	las	gestern	ein spannendes Buch.
Oma	strickt	gehst	einen langen Schal.	

2 Baue aus den farbigen Satzgliedern einen neuen Satz! Schreibe ihn auf!

3 Stelle den Satz nun um! Schreibe ihn auf!

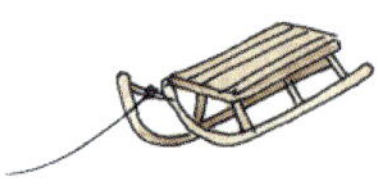

4 Schreibe den Satz auch als Fragesatz auf!

Diese Wörter sind falsch gegliedert.
Rahme immer das ganze Wort farbig ein!

e i n p | a c k e | n a b k | l o p f | e n m | i t g e

h e n a | b h o l | e n a | u s r u | t s c | h e n

1 Ordne die gefundenen Wörter nun richtig zu!

den Schnee

ins Kino

den Freund

Geschenke

auf dem Eis

2 Ordne die eingesetzten Wörter nach dem Abc!
Schreibe sie geordnet auf!

Sprichst du den Selbstlaut kurz und schnell,
sind Doppelbuchstaben zur Stell!

1 Drei Teile ergeben ein Wort.
Den Schneemannbauch brauchst du immer.
Verbinde die passenden Teile!
Schreibe die gefundenen Wörter dazu!

kennen,

Trenne die Teile der Schlittenspuren richtig ab!
Schreibe einen gefundenen Satz richtig auf!

HEUTERODELNWIRINSTAL.

HEUTERODELNWIRGANZSCHNELLINSTAL.

HEUTESAUSENWIRMITDEMSCHLITTENINSTAL.

1 Suche im letzen Satz das Verb!
Schreibe es in allen Personalformen auf!

1 Löse die Bilderrätsel! Schreibe die Wörter auf!

w  en = wecken

b  en =

r  ten =

s 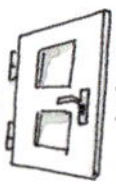 zen =

 en =

2 Setze die Prädikate aus Aufgabe 1
in der richtigen Personalform in die Sätze ein.
Rahme die Prädikate ein!

Ich ______ gerne im Trab.

Wir ______ eine Mannschaft.

Du ______ Oma Blumen.

Mutti ______ mich rechtzeitig.

Ich ______ auf Glatteis.

1 Suche alle Zahlwörter heraus!

E	E	I	N	S	K	E	R	N	Z
I	Z	E	H	N	C	K	E	N	W
N	C	K	E	Z	V	I	E	L	E
I	M	E	H	R	E	R	E	Z	I
G	S	A	V	I	E	R	I	C	K
E	W	E	N	I	G	E	Ü	C	K

2 Ordne die Zahlwörter in die Tabelle ein!

bestimmte Zahlwörter	**unbestimmte Zahlwörter**

Markiere alle versteckten Zahlwörter!

beachten, verzweifeln, Einsamkeit, vierteln, Elfen

3 Addiere die gefundenen Zahlen aus der Nuss-Aufgabe!

Summe: ____

Nach l, m, n und r, das merk dir ja,
steht nie tz und nie ck!

1 Schreibe die richtigen Buchstaben in die Lücken!

k oder ck?	**z oder tz?**
we ___ en	die Mü ___ e
trin ___ en	das Her ___
der Ste ___ er	der Spi ___ er
blin ___ en	schwi ___ en
die Lo ___ e	der Schwan ___
drü ___ en	der Sa ___

2 Schreibe die Reimwörter auf!

die  – *die D*

die  – *die B*

die  – *die Pf*

der  – *der W*

1 Suche die verwandten Wörter und male sie mit gleicher Farbe an!

füttern	der Sieg
der Wecker	backen
siegen	das Futter
der Bäcker	der Blitz
blitzen	wecken

2 Ordne die Verben nach dem Alphabet! Schreibe sie dann auf!

3 Suche auch hier immer ein verwandtes Wort! Schreibe es auf!

bauen –

stürmen –

planen –

spitzen –

Bist du fit?

1 Reime richtig! Schreibe die Reimwörter auf! |6

der Schrank – kr__________ der D__________

trinken – w__________ s__________

springen – br__________ s__________

2 Suche immer ein verwandtes Nomen/Substantiv! Schreibe es **mit Artikel** daneben! |3

füttern – __________

sammeln – __________

rollen – __________

3 Trenne die Wörter mit **ck**, so oft es geht! Schreibe sie getrennt auf! |5

wecken, er deckte, verstecken, die Strecke, trocken

____

____

4 Baue aus den Satzbausteinen jeweils einen sinnvollen Satz! Schreibe beide Sätze auf! | 3

springt | in die Pfütze | Max | im Regen | fröhlich

ich | am Nachmittag | gern | mit Freunden | spiele

5 Rahme die Prädikate in Aufgabe 4 ein! | 1

6 Stelle einen Satz aus Aufgabe 4 so um, dass ein Fragesatz entsteht! Schreibe ihn auf! | 3

Du hast ☐ von 21 Punkten erreicht.

1 Lies den Text genau und male die passende Überschrift aus!

Heute hat Mutti Geburtstag

Gestern hatte Mutti Geburtstag

Ich ging leise in die Küche.
Dann deckte ich den Frühstückstisch.
Vati schenkte Mutti schöne Blumen.
Mutti freute sich sehr.

2 An welchen Wörtern hast du erkannt, welche Überschrift richtig ist? Unterstreiche diese Wörter!

3 Schreibe die andere Überschrift auf die leere Zeile und schreibe die Verben in der richtigen Zeitform auf!

____

Ich __________ leise in die Küche.

Dann __________ ich den Frühstückstisch.

Vati __________ Mutti schöne Blumen.

Mutti __________ sich sehr.

1 Verbinde die Begleitsätze immer mit dem richtigen Gesprächssatz!

Alle Gute zum Geburtstag!

Ich bin extra früh aufgestanden.

Emma gratuliert

Mutti fragt

Emma antwortet

Mutti freut sich

Wer hat den Tisch gedeckt?

Das ist eine tolle Überraschung!

2 Schreibe das Gespräch auf! Achte auf die Zeichensetzung!

1 Kannst du diese Wörter mit **ß** lesen?

Fleiß, Gruß, süßen, groß,

gießen, heiß, Straße, Maß,

fließen, fleißig, grüßen, süß

2 Schreibe die Wörter aus Aufgabe 1 in die richtige Spalte der Tabelle!

Nomen/ Substantive	Verben	Adjektive

3 Suche dir ein Adjektiv aus und steigere es!

1 Markiere jede Wortfamilie mit einer anderen Farbe!

Hoffnung, erwarten, raten, abwarten,

erraten, Erwartung, hoffentlich, Verrat, gehofft

2 Schreibe die Wörter aus Aufgabe 1
in den richtigen Ballon!

1 Setze passende Puzzleteile zusammen!
Male sie mit gleicher Farbe aus!

DRE LICH HEN

REI FRÖH STÜCK HEN

FRÜH HE BLÜ

Schreibe die Wörter richtig auf!
Achte auf Groß- und Kleinschreibung!

drehen,

2 Setze **… als** oder **so … wie** mit den Adjektiven richtig ein!

Im Frühling ist es morgens ______________________
im Winter.
hell

Die Bienen fliegen wieder ______________________
im vorigen Jahr.
fleißig

1 Lies genau! Kreuze richtig an und markiere alle Prädikate!

Oma erzählt ein schönes Mäuschen.		M
Oma erzählt ein schönes Märchen.		T
Ich fehle wegen Krankheit.		O
Ich stehle wegen Krankheit.		A
Der Reiter führt den lahmen Herd.		M
Der Reiter führt das lahme Pferd.		L
Wir gehen ins kühle Bad.		L
Wir wehen im kühlen Rad.		I

Lösungswort: ____________________

2 Finde die Adjektive in Aufgabe 1! Steigere sie!

Grundstufe	Mehrstufe	Meiststufe

1 Löse die Geheimschrift!
Schreibe die Wörter richtig auf!

Schreibe so:

die Gurke, ______________________________

____

____

Nach l, m, n und r, das merk dir ja,
steht nie tz und nie ck!

2 Setze **z** oder **tz** in die Lücken ein!

das Sal___, die Spri___e, der Pil___, das Her___,
die Pfü___e, schwi___en, wür___en, der Wi___,
die Ka___e, tan___en, spi___

Ein Selbstlaut hängt das h gern an,
damit er lang sich dehnen kann.

1 Finde alle zehn Wörter mit **h**!
Markiere sie farbig!

K	B	R	X	E	P	U	S	K	Q	V	F	S
Ü	A	N	F	R	Ö	H	L	I	C	H	M	E
H	Z	L	U	E	S	R	E	I	H	E	G	H
L	O	M	S	H	G	E	H	E	N	L	C	E
P	S	I	Y	C	U	N	N	Ä	B	K	Y	N
R	W	L	S	B	Y	V	E	C	Ö	N	D	S
F	R	Ü	H	A	F	R	O	H	T	R	H	S

2 Schreibe die gefundenen Wörter auf!
Achte auf Groß- und Kleinschreibung!

kühl,

1 So ein Kuddelmuddel!
Überlege, wie es richtig heißen muss!
Schreibe es auf!

Die kleine Ente knattert.
Der große Traktor schnattert.

Der geschickte Affe singt.
Die schwarze Amsel springt.

2 Frage in zwei **deiner** Sätze nach dem Subjekt!
Schreibe die Fragen hier auf!

3 Unterstreiche nun die Subjekte in **deinen** Sätzen!

1 Kennst du dich aus?
Verbinde die passenden Satzteile!

Der Igel	baut im Frühling ein Nest.
Ein junges Wildschwein	überwintert im Laubhaufen.
Das Reh	heißt Frischling.
Die Meise	knabbert die Knospen der Bäume an.

2 Schreibe zwei Sätze richtig auf!

____

____

____

3 Unterstreiche die Subjekte und rahme die Prädikate in Aufgabe 2 ein!

4 Lies den Satz! Fällt dir etwas auf?
Setze ein passendes Adjektiv ein!

Früh flitzen fünf ______________ Füchse fort.

-chen und -lein machen alle Dinge klein.

1 Bilde immer die Verkleinerungsform!

die kleine Maus – das

eine kleine Katze – ein

ein kleiner Vogel – ein

das kleine Kalb – das

ein kleines Lamm – ein

das kleine Huhn – das

ein kleiner Hase – ein

2 Markiere farbig, was sich im **Wortstamm** ändert!

3 Setze die Abc-Reihe fort!

A B c d e F G h

Z

Finde Oberbegriffe! Finde dann noch zwei weitere passende Wörter und trage sie ein!

Eiche	Igel	Birne
Kastanie	Eichhörnchen	Pflaume

1 Trenne die Wörterschlange!
Schreibe die Tiernamen mit Artikel auf!

AMEISENFUCHSSCHMETTERLINGEMEISENHASENREH

Schreibe so:

die Ameisen,

Bist du fit?

1 Unterstreiche in jedem Satz das Subjekt und rahme das Prädikat ein! | 4

1 Früher reisten die Menschen mit der Kutsche.

2 Heute fahren wir mit schnellen Autos.

2 Frage im ersten Satz nach dem Subjekt und im zweiten Satz nach dem Prädikat! | 2

Satz 1 :

Satz 2 :

3 Schreibe die Zeitformen der Sätze auf! | 2

Satz 1 :

Satz 2 :

4 Setze die fehlenden Satzzeichen! | 3

Opa fragt Fährst du mit dem Bus zur Schule

5 Wie nennt man den rot gedruckten Satz? | 1

____

6 Suche das Adjektiv in Aufgabe 1 im Satz 2 !
Unterstreiche es grün! | 1

7 Setze dieses Adjektiv zum Vergleich jeweils in der richtigen Steigerungsstufe in die Sätze ein! | 3

Das Auto fährt ______________.

Ein Expresszug fährt ______________.

Aber das Flugzeug fliegt ______________.

8 Ergänze die Tabelle! | 3

Präteritumsform	**Grundform**
er pflückte	
ich	klopfen
sie startete	

Du hast ☐ von 19 Punkten erreicht.

1 Ordne die Verben nach dem Alphabet! Schreibe sie geordnet auf!

aufziehen, anschauen, abschließen, abschreiben, anschalten

2 Setze passende Verben aus Aufgabe 1 ein!

Ich *schalte* das Schreibprogramm *an*.

Dann ________ ich einen Textrahmen ________.

Jetzt ________ ich den Text ________.

Danach ________ ich mir meinen Text noch einmal ________. Am Ende der Stunde ________ ich die Arbeit ________.

1 Gestohlene Selbstlaute!
Schreibe die Nomen/Substantive vollständig auf!

das ▢hr, die G▢f▢hr, der V▢rk▢hr,

der F▢hl▢r, die Z▢hl, die W▢hn▢ng, die B▢hn

2 Setze richtig zusammen!
Schreibe vier Nomen/Substantive auf!

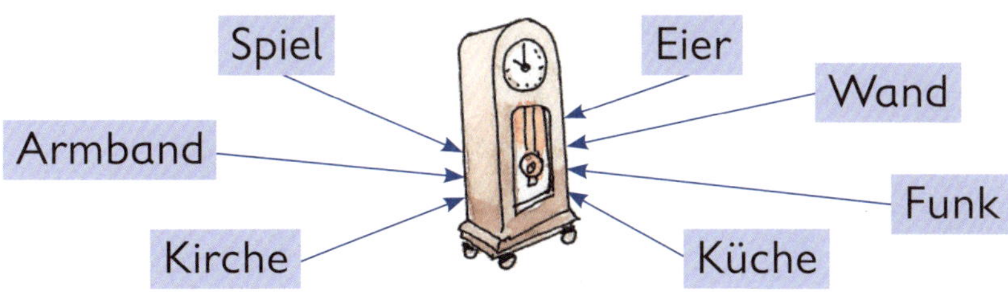

3 Unterstreiche immer das Grundwort rot
und das Bestimmungswort grün!

1 Male nur die Felder mit **Verben** mit einer Farbe aus!

2 Bilde sinnvolle Sätze! Male alle Teile, die zu einem Satz gehören, mit der gleichen Farbe an!

fleißig Nektar.

gleitet

Mäuse.

sammeln

lautlos.

Bienen

fängt

Der Löwe

Die Katze

laut im Käfig.

Eine Schlange

brüllt

1 Sonderbare Zootiere
Hier ist etwas durcheinandergeraten!
Male die zusammengehörenden Bausteine
mit gleicher Farbe aus!

Ele	mel
La	fant
Kroko	ma
Ka	dil
Ti	hund
See	ger

2 Schreibe die Tiernamen mit Artikel auf!

das Kamel,

3 Schreibe den Satz mit allen **passenden** Verben zu Ende! Achte auf die Aufzählungszeichen!

summen, kochen, fliegen, schwirren,
schwimmen, stechen, lesen

Die Mücke

1 Ergänze die Begleitsätze mit passenden Verben!
Setze die Zeichen der wörtlichen Rede!

fragen, schreien, erzählen, flüstern, antworten

Tina ______ Am Wochenende war ich im Tierpark. Max ______ Gab es schon junge Bären? Tina ______ Nein, aber die kleinen Ziegen waren sehr niedlich.

2 Geheimschrift! Kannst du die halben Wörter erraten? Schreibe sie untereinander auf!

ZIEL WIESE FLIEGE BRIEF

3 Finde weitere Reimwörter und schreibe so:

Ziel	– Spiel	– viel

In jedem Abc-Kästchen versteckt sich ein Kuckucksei. Umrahme es bunt!

ABCDEFGHIJKLUM
NOPQRSTUVWXYZ

ABCDEFGHIJKLMN
NOPQRSTUVWXYZ

ABCDEHFGHIJKLM
NOPQRSTUVWXYZ

ABCDEFGHIJKLMN
OPDQRSTUVWXYZ

Aus den Kuckuckseiern kannst du ein beliebtes Tier zusammensetzen.

Lösungswort: ____________

1 Unterstreiche in jedem Satz das Subjekt und rahme das Prädikat ein!

Leonie informiert sich im Tierlexikon über Streifenhörnchen:

Das Streifenhörnchen sammelt im Sommer Samen, Knospen und Früchte. Diese Vorräte trägt es in seine Vorratskammer. Den Winter verschläft das Tier im Erdbau.

1 Ordne jeder Person einen passenden Buchtitel zu!
Schreibe den richtigen Buchstaben ins Kästchen!

H 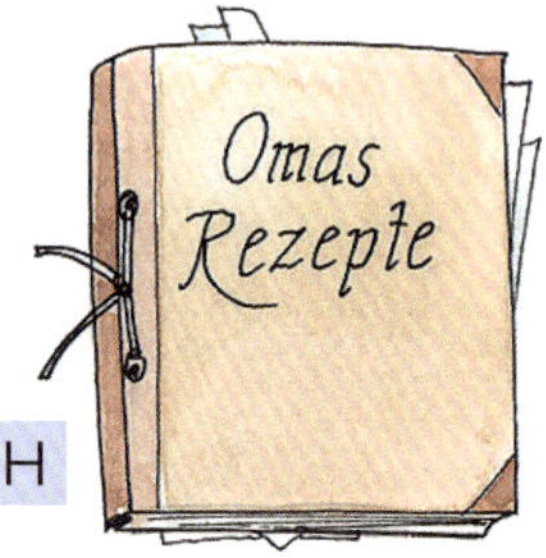

E 

B 

C 

A 

U 

Nina wünscht sich eine Katze. ☐

Timo interessiert sich für Autos. ☐

Vati liest gerne Gruselgeschichten. ☐

Mutti sucht ein altes Rezept für Streuselkuchen. ☐

Lösungswort: ____________________

1 Geheimschrift!
Ordne die Wörter mit **ß** richtig ein!

stoßen, süß, Fleiß, heißen, groß

In jedem Nest liegt ein „Kuckucksei“.
Streiche es durch!

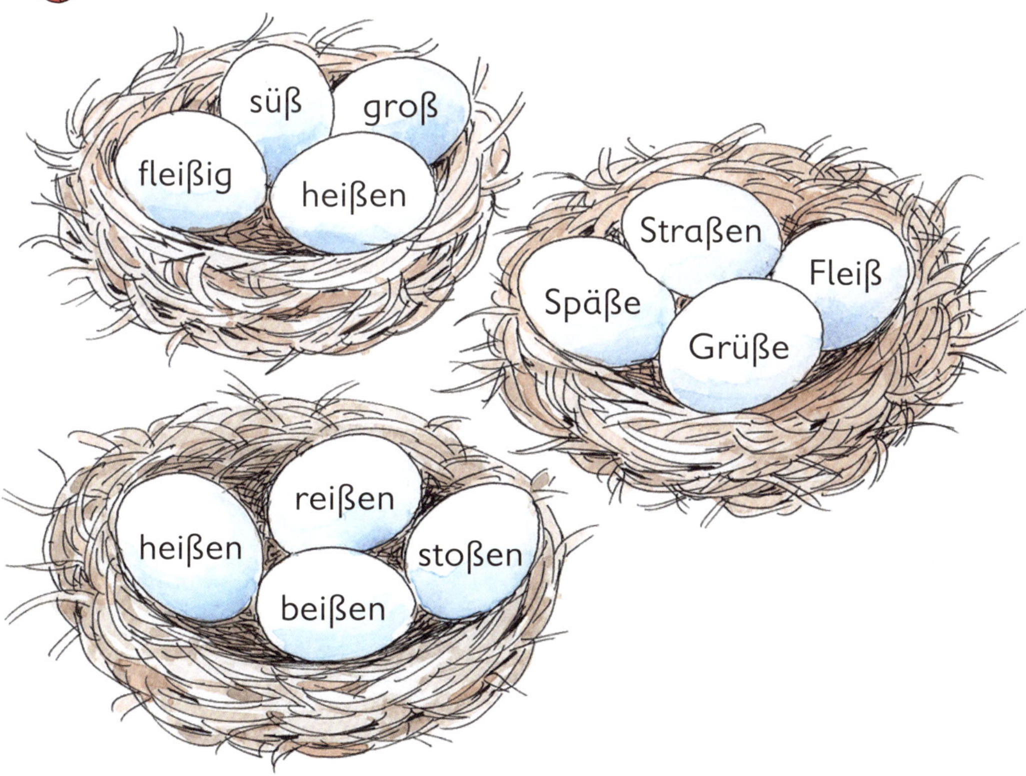

1 Leite von den Nomen/Substantiven passende Adjektive ab! Verbinde sie mit dem richtigen Eis!

Saft

Schmerz

Herr

Freund

Wolke

Fleiß

2 Schreibe die Adjektive nun auf und markiere die Endungen farbig!

3 Ordne die Nomen/Substantive aus Aufgabe 1 nach dem Alphabet!

Lies genau! Ordne dann die Namen der Kinder richtig ein!

Tino sitzt im dritten Waggon.
Sabine fährt zusammen mit noch 21 Leuten.
Tom bleibt zu Hause.
Leon darf an der Tankstelle ein Eis kaufen.

	Bus	**Zug**	**Auto**
Name			

1 Male nur die Felder mit zweisilbigen Wörtern aus! Was wünscht dir der Hund?

Lösungswort: ____________________

____

E = 15, I = 24, S = 44

EIS = 15 24 44

	1	2	3	4	5
1	A	B	C	D	E
2	F	G	H	I	J
3	K	L	M	N	O
4	P	Q	R	S	T
5	U	V	W	X	Y
6	Z	Ä	Ö	Ü	ß

1 Entschlüssele, was auf den Urlaubskarten steht!

22 43 51 65
11 51 44
12 15 43 32 24 34!

14 24 15
35 44 45 44 15 15
24 44 45
23 15 51 45 15
53 11 43 33!

1 Paar oder paar?
Setze die Wörter in den richtigen Ballon ein!

Schuhe, Federn, Wochen, Socken, Stiefel, Bücher

2 Schreibe aus jedem Ballon zwei Beispiele auf!

ein Paar Schuhe,

Bist du fit?

1 Bilde mit der Grundform kommen und den Bausteinen an-, ent-, be- und vor- Verbformen! Schreibe sie auf! | 4

____

____

2 Setze nun die richtigen Verben aus Aufgabe 1 in die Sätze ein! | 2

Der Dieb konnte leider ______________.

Wann werden wir im Urlaubsort ______________?

3 Kennst du wichtige Regeln? Finde das fehlende Wort und schreibe es in die Lücke! | 3

Nomen/Substantive schreibt man immer

______________.

Nach kurzem Selbstlaut folgt ein ______________ Mitlaut.

Wörter kann man nach ______________ trennen.

4 Trage die Wörter einer Wortfamilie in einer Zeile richtig in die Tabelle ein! | 3

Esser, leuchten, Kühlschrank, leuchtend, essbar, kühlen

Verben	Nomen/ Substantive	Adjektive

5 Ergänze die Tabelle in Aufgabe 4! | 3

6 Trenne die Wörterschlange und schreibe den Satz richtig auf! | 3

WIRWÜNSCHENEUCHNUNSCHÖNEFERIEN!

____

____

Du hast ☐ von 18 Punkten erreicht.

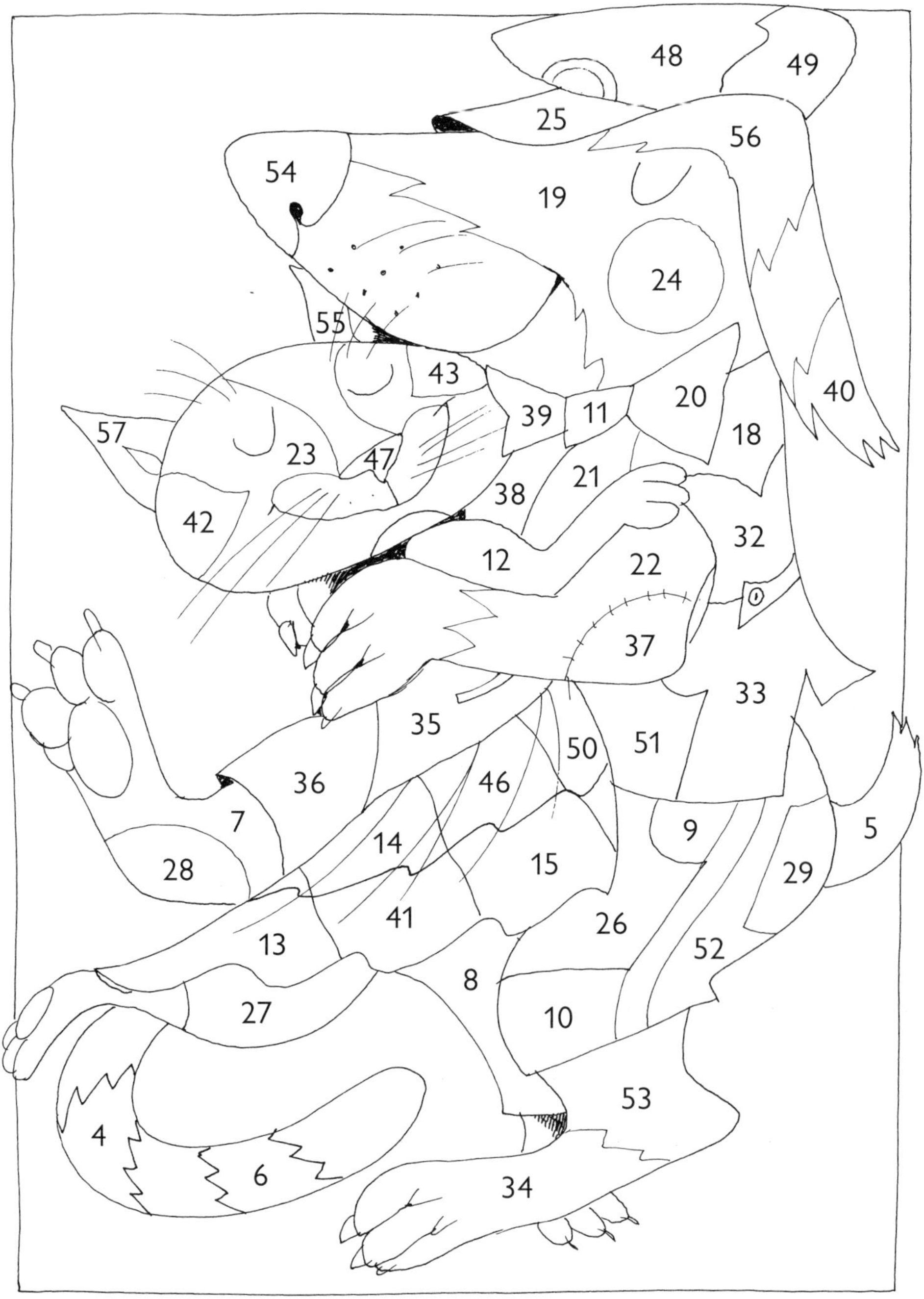
48
49
25
56
54
19
24
55
43
20
40
39
11
18
57
23
47
21
38
42
32
12
22
37
33
35
50
51
36
46
7
9
5
14
15
28
29
41
26
13
52
8
27
10
53
4
6
34

Lösungsseiten

Seite 3

Nr. 1 1. Blatt, 2. Blume, 3. lesen, 4. malen, 5. reiten, 6. Sommer

Nr. 2 Nomen/Substantiv: Pferd, Verb: laufen, Adjektiv: schön

Nr. 3 individuelle Lösung

Seite 4

Nr. 1 Personen: Lehrer, Freundin, Schüler
Gegenstände: Tafel, Buch, Bank
andere Nomen/Substantive: Wunsch, Ärger, Angst

Nr. 2 der Weg, das Buch, der Tisch, der Gruß, die Bitte, der Wunsch

Seite 5

Nr. 1 der Wasserhahn, die Sporthose, das Baumhaus, der Besenstiel

Badezimmermöbel, Kinderzimmerschrank, Klassenzimmertür

Seite 6

Nr. 1 der Hund, die Hand, der Hammer, das Hemd

Nr. 2 der Hammer, die Hand, das Hemd, der Hund

Nr. 3 Wir legen Hefte und Bücher bereit.

Seite 7

Nr. 1 der Berg, die Bank, der Dieb, der Salat

Nr. 2 wild, rund, krank, bunt

Seite 8

Nr. 1

S	G	B	L	Ä	T	T	E	R
T	S	R	I	K	Ö	Z	R	E
U	E	I	C	H	E	L	N	I
R	W	E	H	E	N	M	T	F
M	Q	G	T	N	E	B	E	L
H	S	U	C	H	E	N	N	B
B	D	Ä	P	F	E	L	Ö	T

Nr. 2 Blätter, Eicheln, wehen, Nebel, suchen, Äpfel, Sturm, Licht, Ernte, reif

Nr. 3 ich suche, du suchst, er sucht, wir suchen, ihr sucht, sie suchen

Seite 9

Nr. 1 bunt – Blätter, stark – Sturm, dicht – Nebel, braun – Eichel, reich – Ernte, lustig – Drachen

Nr. 2 bunte Blätter, starker Sturm, dichter Nebel, braune Eichel, reiche Ernte, lustiger Drachen

Nr. 3 Eichhörnchen: S. 117, Sp. 1/Grille: S. 140, Sp. 2/ Maus: S. 172, Sp. 1/Eule: S. 123, Sp. 1/ Ameise: S. 89, S. 2/Wurm: S. 242, Sp. 1

Seite 10

Liegen die Äpfel im Korb? Leg die Äpfel in den Korb! Die Äpfel liegen im Korb.
Nimmst du einen Schirm mit? Du nimmst einen Schirm mit. Nimm einen Schirm mit!
Fege die bunten Blätter zusammen! Fegst du die bunten Blätter zusammen? Paul fegt die bunten Blätter zusammen.
Sammelt Eicheln auf! Wir sammeln Eicheln auf. Sammeln wir Eicheln auf?
Lösungswort: Wind

Seite 11

Nr. 1 St: Stamm, Sturm, Straße, Stadt
Sp: Spiegel, Spitze, Spaziergang, Spaß

Nr. 2 Die Familie beobachtet die Tiere im Wald. Leon spricht ganz leise. Die Herbstblätter leuchten in der Sonne. Es riecht nach Pilzen.

Seite 12

Nr. 1 Gestern spielte ich mit Leon Fußball. Voriges Jahr kam er neu in unsere Klasse. Früher lebte er in einer anderen Stadt. Damals kannte er noch niemanden. Jetzt ist er mein Freund. Nun gehen wir sogar jeden Tag zusammen zur Schule. Heute sitzt er neben mir.

Nr. 2 gestern, voriges Jahr, früher, damals, jetzt, nun, heute

Seite 13

Nr. 1 Frosch, Tisch, Kuchen, Tasche, Licht, Fisch
Lösungswort: richtig

Nr. 2 ich sehe, gehe, stehe; er rechnet, schreibt, spricht; du siehst, fühlst, hörst; wir laufen, rennen, schleichen

Seite 14

Nr. 1 1. H, 2. E, 3. S

Nr. 2 z.B.: Eine stürmische Nacht; Anna hat Angst

Seite 15

Nr. 1 Tim pflückt die reifen Äpfel. Ein Spatz hüpft in der Pfütze. Der Arzt impft die Kinder. Ein kleiner Vogel pfeift sein Lied.

Das erste Wort mit E: die Ebbe
ein Tier mit L: Löwe
das letzte Verb mit r: rütteln
ein Fest mit W: Weihnachten

Seite 16/17

Nr. 1 1 – Adler, 2 – fangen, 3 – fliegen, 4 – Herz, 5 – Hose, 6 – Rad, 7 – rennen

Nr. 2 der Korb – die Körbe; der Hut – die Hüte; der Weg – die Wege

Nr. 3 ich frage, er fragt, ihr fragt, du fragst, es fragt, wir fragen

Nr. 4/5 die Drachenschnur, der Apfelsaft, der Regenschirm
Nr. 6 Lara ging einkaufen. Sie holte viel frisches Obst.

Seite 18
Nr. 1 Brunnen, Kugel, Spiegel, Apfel, Stiefel, Kuchen
Nr. 2 die Ku-gel, der Brun-nen, der Spie-gel, der Ap-fel, der Stie-fel, der Ku-chen

Seite 19
Nr. 1/2 Prinz, Zwerge, Jäger, Hexe
Nr. 3 holte, verbrannte, fragte, schlief, schüttelte

Seite 20
Nr. 1 Rapunzel ließ herab sein Haar. Rotkäppchen sah nur sehr große Ohren. Die Königin fragte oft ihren Spiegel. Wer hat auf meinem Stühlchen gesessen?

Seite 21
nk: Schrank, Punkt, krank
ng: Ding, eng, Klang
n-g: sin-gen, brin-gen, klin-gen
n-k: den-ken, schen-ken, dun-kel

Seite 22
Nr. 1 rodeln, du, morgen, gehst
Nr. 2 Morgen gehst du rodeln.
Nr. 3 Rodeln gehst du morgen.
Nr. 4 Gehst du morgen rodeln?

Seite 23
Nr. 1 den Schnee abklopfen, ins Kino mitgehen, den Freund abholen, Geschenke einpacken, auf dem Eis ausrutschen
Nr. 2 abholen, abklopfen, ausrutschen, einpacken, mitgehen

Seite 24
Nr. 1 kennen, Sonne, rennen/Schlitten, Wetter, klettern/Rassel, Wasser, fassen

Seite 25
Heute rodeln wir ins Tal.
Heute rodeln wir ganz schnell ins Tal.
Heute sausen wir mit dem Schlitten ins Tal.
Nr. 1 ich sause, du saust, er saust, wir sausen, ihr saust, sie sausen

Seite 26
Nr. 1 wecken, bringen, reiten, stürzen, bilden
Nr. 2 Ich reite gerne im Trab. Wir bilden eine Mannschaft. Du bringst Oma Blumen. Mutti weckt mich rechtzeitig. Ich stürze auf Glatteis.

Seite 27
Nr. 1

E	E	I	N	S	K	E	R	N	Z
I	Z	E	H	N	C	K	E	N	W
N	C	K	E	Z	V	I	E	L	E
I	M	E	H	R	E	R	E	Z	I
G	S	A	V	I	E	R	I	C	K
E	W	E	N	I	G	E	Ü	C	K

Nr. 2 bestimmte Zahlwörter: eins, zehn, vier, zwei
unbestimmte Zahlwörter: einige, wenige, mehrere, viele
beachten, verzweifeln, Einsamkeit, vierteln, Elfen
Nr. 3 Summe: 26

Seite 28
Nr. 1 wecken, trinken, der Stecker, blinken, die Locke, drücken
die Mütze, das Herz, der Spitzer, schwitzen, der Schwanz, der Satz
Nr. 2 die Schnecke – die Decke, die Jacke – die Backe, die Mütze – die Pfütze, der Blitz – der Witz

Seite 29
Nr. 1 füttern – das Futter; der Wecker – wecken; siegen – der Sieg; der Bäcker – backen; blitzen – der Blitz
Nr. 2 backen, blitzen, füttern, siegen, wecken
Nr. 3 individuelle Lösung, z. B.: Baustelle, stürmisch, Planung, Spitze

Seite 30/31
Nr. 1 der Schrank – krank – der Dank; trinken – winken – sinken; springen – bringen – singen
Nr. 2 füttern – das Futter; sammeln – die Sammlung; rollen – die Rolle
Nr. 3 we-cken, er deck-te, ver-ste-cken, die Stre-cke, tro-cken
Nr. 4/5 Max springt im Regen fröhlich in die Pfütze.
Am Nachmittag spiele ich gern mit Freunden.
Nr. 6 Springt Max fröhlich im Regen in die Pfütze?
Spiele ich am Nachmittag gern mit Freunden?

Seite 32
Nr. 1 Gestern hatte Mutti Geburtstag
Nr. 2 ging, deckte, schenkte, freute
Nr. 3 Heute hat Mutti Geburtstag
Ich gehe leise in die Küche. Dann decke ich den Frühstückstisch. Vati schenkt Mutti schöne Blumen. Mutti freut sich sehr.

Seite 33
Nr. 1/2 Emma gratuliert: „Alles Gute zum Geburtstag!" Mutti fragt: „Wer hat den Tisch gedeckt?" Emma antwortet: „Ich bin extra früh aufgestanden." Mutti freut sich: „Das ist eine tolle Überraschung."

Seite 34

Nr. 2 Nomen/Substantive: Fleiß, Gruß, Straße, Maß
Verben: grüßen, fließen, süßen, gießen
Adjektive: fleißig, süß, groß, heiß

Nr. 3 z.B.: fleißig – fleißiger – am fleißigsten

Seite 35

Nr. 1/2 Wortfamilie 1: Hoffnung, gehofft, hoffentlich
Wortfamilie 2: erwarten, abwarten, Erwartung
Wortfamilie 3: raten, Verrat, erraten

Seite 36

Nr. 1 drehen, Reihe, fröhlich, Frühstück, blühen

Nr. 2 Im Frühling ist es morgens heller als im Winter. Die Bienen fliegen wieder so fleißig wie im vorigen Jahr.

Seite 37

Nr. 1 Oma erzählt ein schönes Märchen. Ich fehle wegen Krankheit. Der Reiter führt das lahme Pferd. Wir gehen ins kühle Bad.
Lösungswort: toll

Nr. 2 schön, schöner, am schönsten
lahm, lahmer, am lahmsten
kühl, kühler, am kühlsten

Seite 38

Nr. 1 die Gurke, der Quark, die Wolke, das Andenken, das Geschenk, der Dank

Nr. 2 das Salz, die Spritze, der Pilz, das Herz, die Pfütze, schwitzen, würzen, der Witz, die Katze, tanzen, spitz

Seite 39

Nr. 1

K	B	R	X	E	P	U	S	K	Q	V	F	S
Ü	A	N	F	R	Ö	H	L	I	C	H	M	E
H	Z	L	U	E	S	R	E	I	H	E	G	H
L	O	M	S	H	G	E	H	E	N	L	C	E
P	S	I	Y	C	U	N	N	Ä	B	K	Y	N
R	W	L	S	B	Y	V	E	C	Ö	N	D	S
F	R	Ü	H	A	F	R	O	H	T	R	H	S

Nr. 2 kühl, das Reh, die Uhren, die Lehne, sehen, fröhlich, die Reihe, gehen, früh, froh

Seite 40

Nr. 1/3 Die kleine Ente schnattert. Der große Traktor knattert. Der geschickte Affe springt. Die schwarze Amsel singt.

Nr. 2 Wer oder was schnattert/knattert/springt/singt?

Seite 41

Nr. 1/2/3 Der Igel überwintert im Laubhaufen.
Ein junges Wildschwein heißt Frischling.
Das Reh knabbert die Knospen der Bäume an.
Die Meise baut im Frühling ein Nest.

Nr. 4 Früh flitzen fünf freche/flinke/flotte Füchse fort.
Alle Wörter beginnen mit „f".

Seite 42

Nr. 1/2 die kleine Maus – das Mäuschen
eine kleine Katze – ein Kätzchen
ein kleiner Vogel – ein Vögelchen
das keine Kalb – das Kälbchen
ein kleines Lamm – ein Lämmchen;
das kleine Huhn – das Hühnchen
ein kleiner Hase – ein Häschen

Nr. 3 A B c d e F G h i j K L m n o P Q r s t U V w x y Z

Seite 43

Bäume: Eiche, Kastanie ...; Tiere: Igel, Eichhörnchen ...; Obst: Birne, Pflaume ...

Nr. 1 die Ameisen, der Fuchs, die Schmetterlinge, die Meisen, die Hasen, das Reh

Seite 44/45

Nr. 1 Früher reisten die Menschen mit der Kutsche.
Heute fahren wir mit schnellen Autos.

Nr. 2 Satz 1: Wer reiste früher mit der Kutsche?
Satz 2: Was tun wir heute mit schnellen Autos?

Nr. 3 Satz 1: Präteritum; Satz 2: Präsens

Nr. 4 Opa fragt: „Fährst du mit dem Bus zur Schule?"

Nr. 5 Begleitsatz

Nr. 6 schnell

Nr. 7 Das Auto fährt schnell. Ein Expresszug fährt schneller. Aber das Flugzeug fliegt am schnellsten.

Nr. 8 er pflückte – pflücken; ich klopfte – klopfen; sie startete – starten

Seite 46

Nr. 1 abschließen, abschreiben, anschalten, anschauen, aufziehen

Nr. 2 Ich schalte das Schreibprogramm an. Dann ziehe ich einen Textrahmen auf. Jetzt schreibe ich den Text ab. Danach schaue ich mir meinen Text noch einmal an. Am Ende der Stunde schließe ich die Arbeit ab.

Seite 47

Nr. 1 das Ohr, die Gefahr, der Verkehr, der Fehler, die Zahl, die Wohnung, die Bahn

Nr. 2/3 die Spieluhr, die Eieruhr, die Wanduhr, die Funkuhr, die Küchenuhr, die Kirchenuhr, die Armbanduhr

Seite 48

Nr. 1 brüllen, gleiten, sammeln, fangen, leben, springen, fliegen, liegen, sagen, gehen, fressen

Nr. 2 Bienen sammeln fleißig Nektar. Die Katze fängt Mäuse. Der Löwe brüllt laut im Käfig.
Eine Schlange gleitet lautlos.

Seite 49

Nr. 1/2 das Kamel, der Elefant, das Krokodil, der Tiger, der Seehund, das Lama

Nr. 3 Die Mücke summt, fliegt, schwirrt, sticht.

Seite 50

Nr. 1 Tina erzählt: „Am Wochenende war ich im Tierpark." Max fragt: „Gab es schon junge Bären?" Tina antwortet: „Nein, aber die kleinen Ziegen waren sehr niedlich."

Nr. 2 Ziel, Wiese, Fliege, Brief

Nr. 3 z.B.: Wiese – Riese – Liese; Fliege – Wiege – Ziege; Brief – tief – lief

Seite 51

Lösungswort: Hund

Nr. 1 Leonie informiert sich im Tierlexikon über Streifenhörnchen: Das Streifenhörnchen sammelt im Sommer Samen, Knospen und Früchte. Diese Vorräte trägt es in seine Vorratskammer. Den Winter verschläft das Tier im Erdbau.

Seite 52

Nr. 1 Nina wünscht sich eine Katze. – B; Timo interessiert sich für Autos. – U; Vati liest gerne Gruselgeschichten. – C; Mutti sucht ein altes Rezept für Streuselkuchen. – H
Lösungswort: Buch

Seite 53

Nr. 1 groß, stoßen, süß, heißen, Fleiß

heißen (kein Adjektiv), Fleiß (Nomen in der Einzahl), stoßen (Verb ohne ei)

Seite 54

Nr. 1/2 saftig, schmerzlich, herrlich, freundlich, wolkig, fleißig

Nr. 3 Fleiß, Freund, Herr, Saft, Schmerz, Wolke

Seite 55

Bus – Sabine; Zug – Tino; Auto – Leon

Nr. 1 Lösung: allen Kindern einen schönen Sommer

Seite 56

Nr. 1 Gruß aus Berlin! Die Ostsee ist heute warm!

Seite 57

Nr. 1/2 ein Paar Schuhe, ein Paar Socken, ein Paar Stiefel
ein paar Federn, eine paar Wochen,
ein paar Bücher

Seite 58/59

Nr. 1 ankommen, entkommen, bekommen, vorkommen

Nr. 2 Der Dieb konnte leider entkommen. Wann werden wir im Urlaubsort ankommen?

Nr. 3 Nomen/Substantive schreibt man immer groß.
Nach kurzem Selbstlaut folgt ein doppelter Mitlaut.
Wörter kann man nach Silben trennen.

Nr. 4 Verben: leuchten, kühlen; Nomen/Substantive: Esser, Kühlschrank; Adjektive: essbar, leuchtend

Nr. 5 essen, Leuchte, kühl

Nr. 6 Wir wünschen euch nun schöne Ferien!